U0727830

大家小小书

篆刻 程方平

中国历史小丛书

新编历史小丛书

新编历史小丛书

杨 小 楼

么书仪

著

北京出版集团
文津出版社

目　录

一、杨小楼的天赋和学养

谭鑫培的弟子余叔岩这样看待杨小楼：

> 杨小楼完全是仗着天赋好，能把武戏文唱，有些身段都是意到神知，而在他演来非常简单漂亮，怎么办怎么对，别人无法学，学来也一无是处，所以他的技艺只能欣赏而绝不能学。
>
> （丁秉鐩《杨小楼空前绝后》）

与杨小楼多年合作的梅兰芳这样夸赞杨小楼：

杨老板的艺术，在我们戏剧界里可以算是一位出类拔萃、数一数二的典型人物。他在天赋上就具有两种优美的条件：（一）他有一条好嗓子；（二）长得是个好个子。武生这一行，由于从小苦练武功的关系，他们的嗓子就大半受了影响。只有杨是例外，他的武功这么结实，还能够保持了一条又亮又脆的嗓子。而且有一种声如裂帛的炸音，是谁也学不了的。说句不客气的话，我到今天还没有听见第二个武生有这样脆而亮，外带炸音的嗓子呢。

（梅兰芳《舞台生活四十年》）

实业界人士、老戏迷吴性栽这样评论杨小楼：

谭鑫培的唱念固然冠绝一时，那是由于他的天赋耳音好、经验多，辨音别字比别人都来得正确，这方面只能说谭是知其然而不知其所以然的。杨小楼的念白则从音韵反切的学养上得来，咬字更切实有把握，已从经验进展至学理了。

......

他敬老惜幼，前一辈艺人和他相处得好，同一辈艺人和他合作得好，辅佐他的演员如钱金福、迟月亭、李连仲、范宝亭、傅筱山、许德义、何佩亭、刘砚亭等等，都是一时之选。后辈艺人受过他熏陶的，如孙毓堃、高盛麟辈则均卓有成就，其他更难数了。

我说杨小楼的戏不是演出来的，他的戏是流出来的，不见其首，不见其尾；他不着力，而真力自然充沛运行。我一次次的看着他的戏，无法分清他是他，戏是戏，他演什么，他本人就是什么，在《安天会》中他就是这么样的一个齐天大圣,在《长坂坡》中他就是威风抖擞浑身是胆的赵子龙。从这一点来说,我可以说没有见过第二人。以表情圣手见称的周信芳,台上功夫是到了家的了,但他如何准备,如何出手,都有一道痕迹,像画在幕布上的一样,历历可数。换句话说,他的戏是演出来的,只是演得真,所以高人一等。杨小楼则起落无迹,臻于化境,达到道家"无为而治"的境界,使观众也为之坐忘了。

(槛外人《京剧见闻录》)

　　余叔岩和梅兰芳都曾经是杨小楼的搭档，他们还曾经是当时舞台上实力匹敌、鼎足而三的三驾马车，他们对于杨小楼是从同台演出和取长补短的角度进行观察，得出的结论是：他的艺术意到神知，无从学起；他的感染力自然充沛，不可力致。

　　吴性栽是从梨园之外观众的角度，评论杨小楼一生长厚的为人、追求完美的艺德，他的艺术给人的感受是：念白之中透出学养，举手投足起落无迹，浑成功力臻于化境。

　　总而言之，对他的评价众口一词：唱、念、做、打无一不好，一代国剧宗师空前绝后。

　　杨小楼（一八七八至一九三八）

是一个奇迹，无论是在他的生前还是身后，伶界和观众都一致同意：杨小楼天赋厚，学养深，没人能比！

杨小楼的特殊天赋为任何人所不及：他人长，脚长，手长，再加上长长的天官脸，两道颀长入鬓的剑眉，一双眼梢特长的凤眼，通天鼻子，面部五官和身材全部相称，更难得的是他气度凝重而且从容，即使是他的业师俞菊笙彪悍成性，也没有能传染到他——应该是得之于先天所赋，也受惠于修养和文化根底吧？

他虽然喉咙响亮，可是嗓子有点"左"（声调不准），唱老生不够条件，所以他只能以武生终其一生，不像谭鑫培，嗓子倒仓了就能从老生改武

国剧宗师杨小楼

生，嗓子好了也能够从武生改回老生。他对唱工也不十分下功夫，只是由于他嗓音好，声音又亮又脆，而且有一种声如裂帛的炸音，唱出来就是天籁，即使没有动人的声腔也会自然动听，所以杨小楼的唱也有特殊的韵味，自成一家——欠缺竟然也变成了优点。

梨园行自打程长庚开始就是老生领衔的时代：挑班的班主多是老生行，戏班子以老生为主唱头牌，戏班子的招牌戏也是老生戏——那时候，天赋最好的人都是想学习文武老生，都想变成谭鑫培。而杨小楼继俞菊笙之后，能够长年累月以武生挑班唱头牌，这在当时也算是绝无仅有的一份。

清末咸丰、同治、光绪时代的舞

台上颇不寂寞，一大批空前绝后的名伶首尾相续：程长庚去世（光绪五年）之后就有名扬四海的杨月楼相接，而在杨月楼中年早逝（光绪十六年）之前，谭鑫培的艺术就已经精进到炉火纯青，谭鑫培去世（民国六年）之前杨小楼已经大红大紫，杨小楼去世时候已经到了民国二十七年，可以说咸丰、同治是程长庚的天下，光绪是谭鑫培的时代，而民国是杨小楼的时代。

杨小楼是"同光十三绝"之一的名伶杨月楼的儿子，虽然有遗传和天赋在身，也是照样要靠勤学苦练。

坐科小荣椿科班时，他的武功得自杨隆寿、杨万青、姚增禄、范福泰的教授，这几位武功高手都是当时的第一流，他们为杨小楼从小打下了好底子，使他日后可以修炼到纯熟简练、干净漂亮、以简驭繁、以少胜多。

然而，杨小楼从出科到成名也并非一帆风顺，十八岁出科时正值倒仓，年轻气盛的杨小楼只能搭班演武行配角。传说初搭班的时候，有一次王八十主演《挑滑车》，杨小楼扮演岳帅，他个子大，扎上靠旗、穿上靴子比别人高出一截，动作又还不那么灵敏，像是羊群里跑骆驼，王八十越看越别扭，终于忍不住让管事的临场换人……

杨小楼受到这样的打击，一怒之下辞班去了天津，在天津人生地不熟，功夫不到家上座也不好……后来他一个人离开家，躲到京郊八里庄一个庙里住下来苦练功夫，鸡鸣晨起练枪、练剑、练刀、练武打、喊嗓子、扳着"朝天蹬"（把一条腿扳得脚心朝天，与另一条腿成为竖着的一字）背几出戏、练白口（说白）、练眼神、练表情……

功夫不负有心人，几年之后，他重出江湖又进了戏班，他不再演配角，他主演的《挑滑车》开始受到了观众的认可。

二十五岁那年，他回到北京进入宝胜和班开始走红，之后他应邀到天津以《艳阳楼》一炮轰动了津门，返京之后，他搭入了谭鑫培所在的同庆班，从此声名大振……

他慢慢地成为每一出戏的主角、能够充满和照亮整个舞台的大将、舞台上的中心——个子大已经成为上天赋予他的优势，他不再是羊群里跑骆驼，而是鹤立鸡群。

这一时期，是杨小楼转益多师的时候，他向自己的父亲武生名伶杨月楼学他所有的拿手戏——当时杨月楼正在走红；向老师俞菊笙学习《挑滑车》《铁笼山》《艳阳楼》《金钱豹》——当时俞菊笙正是舞台上的明星；在和老谭配演《阳平关》《连营寨》《八大锤》《战宛城》的时候，他抓紧机会向谭鑫培学习——当时老谭正是剧坛盟主……

一生当中，在他的心里从来都没有门户之见、流派之别，谁有长处就向谁学：他向王楞仙学习过《八大锤》中的少年陆文龙，向张淇林学习过《安天会》中的孙猴子，向钱金福学习过《金沙滩》中的吐火和耍牙，去上海时向小孟七学习过《冀州城》，晚年时候在上海还向牛松山学习过《林冲夜奔》《火并王伦》……

杨小楼得益于名师传授、高人指点，更得益于他出类拔萃的领悟能力和他终其一生都是学无常师的谦虚品德，这使他能够把众人的长处都化为己有，这正是他最终能够成为集众家之长的国剧宗师的因由。

四年以后的光绪三十二年（一九〇六），二十九岁的他被挑选为内廷供奉，这是他命运的一个转折点——于民间历练成功的杨小楼，在宫廷也得到了肯定。

　　传说中西太后喜欢的伶人不少：陈德霖、余玉琴、王楞仙、孙菊仙、汪桂芬、杨隆寿、李连仲、谭鑫培、杨小楼都算是老佛爷面前的红人，可得到过"六品俸"和"四品顶戴"的却只有谭鑫培和杨小楼，而在老谭和小楼之中，西太后更喜欢杨小楼，还曾经把自己的扳指赏了杨小楼……这是一件让人羡慕不已、议论不休的事情。同是内廷供奉却在西太后面前不得脸的王长林和李永泉说："人家杨小楼到宫里来演戏，如同小儿住姥姥家来一个样，我们两个人来演戏，仿佛来打刑部官司的犯人。"

　　三十三岁那年（一九一〇）杨小楼开始了自己挑班、唱头牌的生活，他的表演艺术已经达到了炉火纯青、一时无两，这种情况一直持续到民国二十六年（一九三七）杨小楼六十岁，这在梨园史上也是独一份。

二、浑然一体的唱、念、做、打

杨小楼的"唱、念、做、打"都经得起推敲和琢磨，他的每出戏都有"卖点"，同一出戏的每一次演出也各有不同的"看点"，因为他的戏总是在细节上不断地更新变化，所以，杨小楼的戏迷们对他的演出都是每出必看。他会的武生戏有上百出，常演的也就是几十出，能够做到二十七年常演常新，让新老观众百看不厌，不容易！

如果说谭鑫培和杨小楼都是

"唱、念、做、打无一不精"，那么他们两个人的区别应该是：谭鑫培"唱"得最棒——他以老生名冠一时，杨小楼"打"得最好——他以武生名标青史。

所谓武生就是擅长武艺的角色。

武生分为两类：长靠武生和短打武生，长靠武生身穿铠甲（靠），头戴盔帽，脚踏厚底靴，手拿长柄武器（大刀、长枪）进行打斗。短打武生身穿短衣裤，徒手或者使用短兵器进行格斗。好的长靠武生不仅要武功好，还要工架优美、稳重端庄、表演细腻、能唱能念、有大将风度、有气魄；好的短打武生要身手矫健敏捷，看起来干净利落，打起来漂亮帅气，绝不拖泥带水。

杨小楼长靠、短打无一不精，

《长坂坡》《战宛城》《冀州城》《挑滑车》《麒麟阁》《宁武关》《湘江会》《白龙关》《青石山》《贾家楼》《连环套》《恶虎村》《骆马湖》《武文华》《林冲夜奔》《赵家楼》《五花洞》《铁笼山》《艳阳楼》《金钱豹》《飞叉阵》《晋阳宫》《英雄会》《安天会》《阳平关》《八大锤》《回荆州》《八蜡庙》……都是他的拿手好戏，其中长靠戏《长坂坡》《战宛城》最好看，短打戏《连环套》最经典，它们被所有的人赞许。

杨小楼的唱、念、做、打是糅合在一起的，一出上场门他就开始入戏，有"三十年戏迷"资格的章靳以在《旧戏新谈》序中说："犹记小楼在世，戏帘（上场门挂的门帘）一扬，侧身而出，轻微地颤那么两三下，然后猛地把头向台口一转，眼睛一张，仿佛照亮了全场；双脚站定，又似安稳了大地，全身挺住连背旗也像塑就的，这时全园鸦雀无声，过了二三秒钟才似大梦初醒般齐声来一个'碰头好'。"这就是当时的盛况。

和老谭一样，杨小楼"手、眼、身、法、步"浑然一体，所有的眼神、念白、做工、打斗，都随着剧情的进展推演，或者说是，剧情在他的唱、念、做、打融成一体的表演之中推进。因为他的舞台表演已经趋于化境，所以竟然可以使观众分不清哪里是他，哪里是戏，比如：在《连环套》里，他的黄天霸从英俊里透出精明仔细；在《赵家楼》里，他就是轻荡淫邪的采花贼华云龙。同样是扮演十六岁的孩童，在《晋阳宫》里，他是一身凶悍煞气、不通事故的浑小子李元霸；而在《八大锤》里，他就成了天真好胜、志得意满、一团稚气的陆文龙。杨小楼一直到五六十岁扮演李元霸、陆文龙，仍然使人觉得自然、活现，真是装什么像什么，他演什么就是什么了，当时他是以"千面人"著称，今天就应该说他是"演技派"的演员了。

杨小楼的功夫立体浑成，吴性栽的《京剧见闻录》说是："杨小楼的戏不是演出来的，他的戏是流出来的，不见其首，不见其尾，他不着力，而真力自然充沛运行。"他善于调动各种手段和身体语言表情达意，所以，他的经典作品都是处于变化多端情境之中、内心交织着复杂矛盾的人物形象，诸如：《长坂坡》中在瞬息万变的两军交战之中，只骑着一匹马，还必须去救主母糜夫人和阿斗，与糜夫人还有君臣之分、男女之别的赵云；《战宛城》中处境复杂、内心历程变化微妙的张绣；《连环套》中两栖于江湖和庙堂，又想两方面都做得圆满体面，既对得起江湖弟兄，又对得起官方上下级的黄天霸……都是他可以充分发挥自己的能力，调动唱、念、做、打各种功夫互相配合，做到细腻好看、尽善尽美的代表作。

在天才已经逝去的今天，杨小楼

只有不多的照片存留至今，所幸七十年前，杨小楼的戏迷丁秉鐩、吴性栽对他的赵云、张绣、黄天霸，都有过详尽、传神、感性的描述，可以帮助我们体味、想象当年杨小楼塑造人物的艺术造诣和境界，这也是一种"幸运"……

《菊坛旧闻录》的《杨小楼空前绝后》文中对于杨小楼饰演《长坂坡》中的赵云描述非常详细：

　　杨小楼的赵云，在头一场夜宿荒郊，保卫家眷，对刘备的念白："主公，且免愁肠，保重要紧。"除了嗓音嘹亮，面上还带出忧国忠诚的表现。刘备在那里叹五更一段一段的唱，赵云则时而闭目假寐，时而警觉巡视，小楼把胆大心细的保卫责任心，也表露无遗。

在见糜夫人一场，非常精彩。时间紧急，对主母须劝她上马，而不能逼迫。在催促中，要保留君臣之间的分寸。等到糜夫人以阿斗交付，刚要接过，一想不对，急忙摆手打躬，惶恐万分。因为赵云此时已经猜透糜夫人心意，打算一死以免累赘了。在理智上势所必然，在感情上，他哪能忍心至此呢！

小楼面上的惶急痛楚表情，套一句电影术语，那真是"内心表演"。

等到糜夫人把阿斗放在地上，赵云马上蹉步过去，捡起喜神（阿斗）。那时糜夫人已经跳上井台，"起范儿"（跳井之前的示意动作）要跳了。马上赶过去，这一手"抓帔"（帔是戏曲中帝王、后妃、官绅、显贵的便服），转身跪倒，干净利落，必得满堂彩。

但是只武生用功力，糜夫人配合不好也不成，像陈德霖、梅兰芳、尚小云、魏莲芳、芙蓉草几位给小楼配演糜夫人，都合作得天衣无缝。这个诀窍是：（扮演糜夫人的）青衣在这一场上场之前，就要把帔从领子那里往后穿，也就是在里面褶子（穿在帔里面的便服）上套得松一点。在与张郃跑箭圆场（糜夫人被张郃追赶并被他射箭伤腿）完毕，受伤等赵云上来相遇时，一直要保持松套着帔，而帔和里面褶子的水袖也要套得有点距离，不能扯在一起。等到放下喜神，转身向后，跳上井台时，很快地把帔解开，等赵云手到背上时，一按，一捻，而旦角已经双手往后平伸，一抓就下来了。

说了这么些字，其实，只是"说时迟，那时快"一两秒钟的事，"抓帔"就美满完成了。没有火候（功夫不到家）的旦角，没有准备工作，往往武生抓上，而挣扎两只袖子半天，那就是"脱帔"了。

"抓帔"动作的设计是基于这样的情节发展：赵云找到糜夫人和阿斗之后，一直劝糜夫人上马，自己要一边保护糜夫人和阿斗，一边步行迎战曹兵。糜夫人觉得自己已经受了箭伤，行动困难，如果自己抱着阿斗骑上马，身为大将的赵云没有马骑，在乱军之中如何能够战胜敌人、保护自己和阿斗突出重围？几次想要把阿斗交给赵云，赵云始终不肯接，所以糜夫人决心跳井自尽，让赵云可以保护阿斗突出重围，赵云并不知道糜夫人跳井的打算，在糜夫人把阿斗放在地上之后，赵云已经开始明白了糜夫人的想法，可是他一方面要顾到阿斗，一方面要顾及糜夫人，在怀抱着阿斗又看到糜夫人跳井的一刹那伸手去抓，慌乱之中只是抓下了糜夫人的外衣（帔）。

"抓帔"的情节虽然设计合理，可是说起来容易，做起来难。

梅兰芳在《舞台生活四十年》中曾经说到过王瑶卿给杨小楼配演糜夫人时的两个小动作：

糜夫人投井的身段，王大爷（王瑶卿）是在糜唱最末一句摇板的时候，暗中先把帔上的纽带解开，唱完了，一脚跺在椅子边上（这椅子就是假设的一口枯井）把头向右一偏，"线尾子"（五尺长五六寸宽，垂在发髻下面表示辫子的黑色线帘子）全归到胸前，两手向后伸直，净等赵云抓去了黄帔，他就可以跳下井去了。

这暗中拉开纽带和偏一下头，把线尾子归到胸前的两个小动作，观众是毫无察觉，可是却给赵云的"抓帔"动作扫清了障碍，这样的合作真可以说是天衣无缝！

梅兰芳在《我最爱演的一场戏——〈掩井〉》和《杨小楼的师承》两篇文章中也谈到过自己给杨小楼扮演

19世纪初，北京一家照相馆为杨小楼（右）和钱金福（左）拍摄的《长坂坡》戏装照

糜夫人时，两个人表演"抓帔"时的细节：

他低着头焦急地缓缓向右转身向里走，我抱着阿斗挪动着跋步往左转身也向里走去，在"乱锤"（表示紧急的锣鼓点）声中再一次要把阿斗送交赵云，赵云再一次急摆双手再三打躬慢慢往左转，一手抚额低头思索。

糜夫人见赵云坚决不接（阿斗）也低头思索慢慢往右转身走着跋步，面朝前台时把头微微一摇同时轻轻顿一下足，把阿斗放在台口，然后转身向里，同时要把黄帔的纽带解开，做好抓帔的准备。

这时"乱锤"尺寸板慢，但调门长高。赵云抚着额头低着头已经面向前台，目光慢慢向左转移，突然看见阿斗，这时"乱锤"打住，赵云左右手先后抬起抓住左右下甲，向台口"蹉步"跪一腿把阿斗抱起，接下句唱"接过刘家后代根。主母快请上马行，赵云步战也要退曹兵"。糜夫人："啊，将军你看那曹兵他杀来了。"说着右手向右一指，趁着赵云转身向右一望的时候，就走跛步到了井边（椅子象征着井），赵云回过身来，右手抱着阿斗，左手伸出抓住黄帔的后领，我每次演到这里在"乱锤"声中被抓住向后略退两步，等到我感觉出杨先生的中指把我里面穿的褶子和外面套的帔两件的领口已经分开（杨老板事先用食指和大指，在我背上，由下而上轻轻一揉，衣服不就有了皱纹了吗？用不着使劲，就能单抓住了黄帔，很顺利地往下一拖就行了），我就向前上椅子，他趁势向下一扯，其实就等于他替我脱下一件帔，配合好了就是一刹那的好戏，如果让观众看出费劲，虽然也抓下来那就没戏了。

这一表演的能不能脆快，关键就在"乱锤"时候中指分开

里外两件衣领口，然后全手抓着
外面的帔而丝毫不牵动里面的褶
子，等我上椅子后，他可以没顾
虑地往下扯，自然显着脆快。

有的人可能就是没分开里
外，含含糊糊的抓着，顾虑是否
连着褶子一起抓的，万一真的把
糜夫人从椅子上揪下来怎么办，
所以效果不会好的。还有人事先解
纽带时把袖子也退（褪）出来，等
于披着帔，那也就没有戏了。

"抓帔"的完成，也就是糜夫人
跳井完毕，接着是赵云推墙掩井，奋起
神勇大战曹兵，怀揣着阿斗在长坂坡杀
得七进七出，最后杀出重围见到刘备。

《菊坛旧闻录》的《杨小楼空前绝后》文中记录了杨小楼的赵云在抓帔之后，从曹兵围困中杀出重围，回到军中对刘备述说糜夫人的落井经过之后，仍然继续有出色的表演：

（赵云说）"……方才公子在身边啼哭，这般时候不见动静，大略性命休矣。"此时面带严肃狐疑。刘备念："快快打开来看。"小楼念："为臣看来。"仍然面带紧张。打开一看阿斗健在，接着："咦！他倒睡着了。"此时脸上由惊而喜，马上满脸欣慰之色，然后交与刘备："主公请看。"在恭谨之中，稍露一点邀功的得意神情，就是这一瞬间，把赵云的心情变幻层次，表现得细腻万分，称之为"活赵云"，绝不过分。

作为观众的黄裳在《旧戏新谈》中，谈到过杨小楼和芙蓉草合作的"抓帔"给他的观感：

> 跳井之际，赵云反身扑下抓帔，一种惊惶、无奈、失悔的情状，表演至佳。旧日陈德霖此戏有名，我所看的则是芙蓉草。要演得干净，委实很难。

在那个京剧的黄金时代，名伶们

为了一两秒钟的"抓帔"动作做得干净漂亮，能够传达出大将赵云的"惊惶、无奈和失悔"，如此用心地进行设计、如此默契地进行合作，最后达到人人称许的艺术效果，敬业精神何其深厚！

杨小楼自己敬业，对于合作者也是挑拣甚严，他不想"抓帔"变成"脱帔"，也不想因为旦角的准备工作做得不好，褶子和帔撕捋不清，最后一把把糜夫人从椅子上抓下来……他的"糜夫人"是陈德霖、王瑶卿、梅兰芳、尚小云、芙蓉草……都是一等一的角色。

他的其他合作者也都是一时之选：谭鑫培、王长林、许德义、李顺亭、钱金福、高庆奎、迟月亭、郝寿臣、侯喜瑞、王又宸……

《战宛城》的张绣，也是杨小楼的经典之作。三国戏《战宛城》剧情是：曹操攻打宛城，宛城守帅张绣兵败投降曹操，曹军进城之后，手下抢了张绣的婶婶邹氏献给曹操。张绣得报"太夫人被抢"，就疑心是曹操所为，由于不敢确定，只得以问候为名进曹营打探，见到邹氏的侍女春梅以后，得知曹操确实霸占了自己的寡婶。张绣为了洗雪奇耻大辱，与贾诩设计，派人盗取了曹操贴身护卫典韦的兵器，大败曹操，杀死邹氏。

由于这出戏里的张绣一开始就面临着"战与降"的选择，接着就经历了"从主帅到败将"的剧变，之后又突然面临了"寡嫂被辱"的家族耻辱……

忍，还是不忍？内心起伏跌宕的层次很多……

丁秉鐩对于杨小楼精彩迭出的内心表演这样描述：

……（张绣开始）虽然与贾诩商量"破操的高见"，却是志得意满，自恃武力，不纳贾诩的"守而不攻"之策，一意出战。战败之后，见贾诩面带愧色："悔不听先生之言……"因此，议论降战，虽然张、雷二将仍然主战，张绣却纳贾诩建议，投降曹操。此时对贾较为重视，与开始的漠然态度不同了，小楼演得有分寸。

曹操进城以后，校场观操，典韦、许褚（曹操部下）与校刀、火牌（张绣部下）交战，二人大胜，此时小楼的做戏机会来了，一方面羞愧难当，急把兵将们赶下去；一方面对典韦、许褚表示谦逊，心情凝重，误撞二人，虽然连忙打躬谢罪，却仍保持主帅身份，不狼狈、不过火。

到家院来报："今有一伙兵丁，将太夫人抢了去了。"张绣一方面责老仆糊涂，再去打探；一方面自言自语，疑是曹营所为。小楼此处"备马伺候"叫起，有四句西皮摇板……圆场见曹，更是精彩。先听说"丞相尚未起床"，就开始面色转变。见曹以后，"啊，丞相，这连日的劳倦，睡卧安否？"字斟句酌，探询的心情，都在嘹亮的念白中表达出来。等到春梅打茶来，见面一惊，春梅回头就跑，张绣一望两望，曹操中间遮拦，曹操必是侯（喜瑞）、郝（寿臣），春梅必是小桂花、赵绮霞，三个人身段地方好极，台下必是满堂彩。

此时小楼表情，已然知晓邹氏被曹操抢来，由证实，而气愤，而忍住。接着曹操进一步要和张绣以叔侄相称，借此试探张绣。小楼把张绣那种一忍，再忍，不肯小不忍则乱大谋的心思，曲曲传出，一丝不苟。

最后刺婶，则气愤填胸，把兵败、被辱的一腔怒气，都发泄到邹氏身上。所以念白上虽然有点咬牙切齿，然而观众仍不嫌其火，而更欣赏其表现得当。

这出《战宛城》也是杨小楼的招牌戏之一，在营业戏和义务戏里，都经常演出。他逝世前一场戏就是《战宛城》，与郝寿臣、小翠花合作，是义务戏。

杨小楼的《连环套》也是观众们百看不厌的杰作，这个取材于《施公案》的戏曲剧情是：连环套寨主窦尔敦盗了御马，留诗嫁祸于有宿仇的黄三太，黄三太的儿子黄天霸已然改邪归正，在官府施世伦手下充当捕头，彭公命他前往奉圣旨捉拿盗马贼。黄天霸以镖客的身份前往山寨拜见窦尔敦，自言是黄三太之子，双方约定次日在山下比武，如果窦尔敦胜，黄天霸代父领罪，如果黄天霸胜，则窦尔敦献马见官了案。当夜，黄天霸的朋友朱光祖混进山寨，盗走窦尔敦的虎头双钩，留下了黄天霸的宝刀，窦尔敦醒来见刀，以为是黄天霸所为，感其不杀之恩，愿意献出御马，与黄天霸见官了案。黄天霸押解窦尔敦进京，一路上以子侄之礼待之甚厚，又诈称主犯在逃，而窦尔敦是胁从，具结将窦尔敦保出牢狱。

吴性栽的《京剧见闻录》和丁秉鐩的《菊坛旧闻录》里面，对杨小楼饰演黄天霸上乘表演的一些细节，都有观察幽微的细致描述：

吴说："……接旨时所有的人都面向里跪，当宣旨的钦差读到'如今若问盗马人，飞镖三太便知情'时，黄天霸浑身颤抖，帽子的大球子抖得簌簌有声，然后回身面朝观众，双手一拍一摊，那种祸从天来、焦虑惶急之情，便已引起观众的同情共鸣。"

丁说："……圣旨下，读旨时跪听宣读，他面向里跪，背部向外，只见他头部轻点、微摇，最后头不动了，而盔头上的绒球突突乱颤，把天霸闻旨的内心激动，有层次地一步一步表现出来，每次台下都是满堂彩声。"

吴说："……上京进谒彭公，中军传见，要他报名而进时，黄天霸整顿衣冠，准备打躬的当儿，朱光祖上前向他肩上一拍，一点腰，黄天霸猛然醒起，腰上还带着宝剑，满脸惶恐，急忙解剑递与朱光祖，再重新拉直马蹄袖，口称'报……漕标总兵，虚衔副将，黄——天霸，告——进——'，一躬到地，然后缓步挖门趋进，一个圆场里包含多种情感和繁复变化。"

丁说："……谒彭一场，因急欲一询究竟，报门以前，忘了卸却佩剑，经朱光祖提醒，马上恍然大悟，脸上露出一惊一愧，再含笑致谢，一瞬之间，把这几层表情，都顺序表示出来。"

吴说："……彭公一轮'官话'过后，撤坐，掩门，和黄天霸讲私话，说到他和黄三太的交情，哪怕拼着乌纱不要，也要为他担待时，黄天霸跪下三个蹉步向前，一声声'谢大人……谢大人……谢大人'，尺寸快、准、干净、利落。"

丁说："……彭公接念：'梁千岁赏限一月……与你担待担待。'一段，天霸向彭朋谢恩，前趋请安三翻（番）儿，彭朋也退让谦谢三翻（番）儿。杨小楼和标准彭朋鲍吉祥的双身段，那份紧凑漂亮，到此必获满堂彩。"

吴说："……连环套里的大头目下山抢劫，一阵对仗失败，黄天霸举刀欲杀，朱光祖一拉臂膀，黄天霸立即醒悟，反和大头目套交情，那样从一极端到另一极端的转变，演来似流水无痕。"

丁说："……到贺天龙打败，黄天霸问他为首之人，报出窦尔敦以后，仍然作势要杀贺，又经朱光祖提醒，此时小楼马上恍然大悟，急改笑脸，手搀贺天龙：'兄台请起。'把黄天霸的反应迅速，刻画得入木三分。"

吴说："……拜山时看见御马，情急要想牵马上镫时那种举步之快，直似闪电。"

丁说："……拜山……见马后的问窦尔敦：'此马能行？''快得紧！'边念边做，眼光四射，伺机抢走。等到'待某乘骑'时，急忙前奔作势要上马，小楼这个身段也非常美妙。岂不知窦尔敦也是处处提防，虽然好整以暇的答话，却早了一步，使大头目把马牵下去了……"

吴说："朱光祖用黄天霸的刀去盗换窦尔敦的双钩，黄天霸见宝刀不在，错怪朱光祖，朱光祖出言讥讽，称他上司老爷，黄天霸愧悔交迸，认错赔罪的表情（层次鲜明）。"

丁说："'盗钩'一折，当天黄天霸发见腰牌、钢刀不见，顿起疑心。朱光祖一进门，马上抓住就问。甚至朱光祖拿出双钩，还冷静地问计全：'当年李家店比武可是此物？'（他要确认朱光祖盗来的双钩是窦尔敦的）把黄天霸那种过分精明、易起疑心的个性，小楼也表现得使人一览无遗。最后，经朱光祖说服窦尔敦，窦在献出御马，自请王法上绑，下场以后，天霸向朱光祖三次的赶上一步道谢，小楼这一场的演法，就比谒彭那一场的三谢稍有分别了，前者是恭谨而庄重，后者是平行而快速了……

"杨小楼的黄天霸，在这出（《恶虎村》）里武功卓越之处，一是走边那一场，出来的飞天十响，就如疾风骤雨，令人目不暇接。念诗'仁义礼智信为高……'那四句，边念边做身段，手指脚画，左右旋转。身段在繁多而均衡里，透着边式漂亮。再有就是《东昌府》和郝文僧一场开打、夺刀，紧凑得真是风雨不透，其实，大部分的精彩还在神情、做派、念白上。"

……

吴性栽和丁秉鐩都是观众，他们记录的都是杨小楼的形体动作——唱、念、做、打传达给他们的剧情内容和美的感受——这是杨小楼艺术独特的魅力。

杨小楼无论扮演的是主角还是配角，只要他一上台他就是中心，即使他一个人在台上也可以光芒四射。吴性栽说是：

> 和杨小楼合作演出《连环套》的，我数得出四个人：李连仲、郝寿臣、金少山、刘砚亭。

金少山当年正走红，年富力强，个儿高大，嗓音宏亮。演《连环套》之前，照例先演《坐寨盗马》，少山已经在观众中争取到好印象，占有一定的地位，大伙儿想，这次杨小楼怕要被比下去了。但等《拜山》的戏一上，不知怎么一来，台上只见杨小楼，不见金少山——他已黯然失色了。所以后来金演他的看家戏——《霸王别姬》，老说："我是假霸王，人家杨老板才是真霸王。"

我亲眼见到他和南方短打鼻祖盖叫天同台演《义旗令》，盖扮黄天霸，杨（小楼）俊扮薛应龙，在交手中，盖五爷再快也快不过他。

······

杨小楼的动作，看似慢而实快，真说得上"静如处子""动如脱兔"。《八蜡庙》演褚彪（有时他也演费德恭），几下蹉步，一个抢背，快到人无法看得清他从哪里起，哪里落。

在解放之前，全中国的戏台，要算上海的天蟾舞台最大了。杨小楼演《铁笼山》的姜维，勾红脸、穿绿色大靠、大额子、戴长黑满（黑色满口长髯）、佩大剑起全霸（主要角色所用，表示武将出征之前整盔束甲，准备厮杀的全部舞蹈动作），一个舞台都好像装他不下似的，还得把台幔后撤。打击乐器用东锣（中心凸起的）、大铙钹，没有一个武生够此气魄来配合这个场面和气派的。起霸之后观星，整场没有一句道白，但在夜观星象中，对于第二天大战顾虑和焦灼的情绪，在全身满溢了出来，真可以说浑身是劲、浑身是戏，而毫不矜才使气。

周明泰也说杨小楼：

　　四句定场诗，就念得威风凛凛，这是他的看家本领，每出戏出场几句念白起，就使人精神为之一振，就像他饰《回荆州》的赵云，单上时，念白有力，浑身是戏，绝不显得孤单，好角就有这样"罩满台"的本事。

三、"人缘最好"的名伶

旧时梨园行讲究"人缘"。名伶的"玩意儿"（唱、念、做、打的综合功夫）好、戏德好、名声好、为人谦和，才有可能"人缘好"，并不是"玩意儿好"的名伶"人缘"就一定好。

"人缘好"的伶人不仅卖座好、彩声多，而且即使是有哪一点很难改正的欠缺，或者是哪一天出了什么纰漏，他也可以凭借着"人缘好"得到观众的谅解和回护。杨小楼就是"人缘最好"

的名伶。

杨小楼的唱、念、做、打比较起来，是念、做、打为主，唱为辅。

杨小楼的嗓子高而亮，音质虽好却有点"左嗓子"，左嗓子就是跑调，晚近时候在内行的圈子里也叫作"凉调"或者"扛调"，杨小楼的跑调不是偶然地出现，他是唱着唱着就没谱了，一到摇板、散板的拖腔准得跑调。戏迷丁秉鐩说：

> 他演赵子龙和黄天霸，即使凉调，大家也喝彩，因为那是感情的激越表现，格外烘托气氛。
>
> （他的黄天霸在）改装辞别施公，"谢过了大人恩海量，……"

四句流水，高唱入云，又是掌声。
下面摇板两句，到最后"……再问
安康"。拖个长腔，必然凉调，而
必然得彩，别人凉调不得倒好，也
不会落正好，而杨小楼却荒腔凉调
得正彩，梨园史中也只是他一人，
原因是观众觉得悦耳，就不顾凉调
不凉调了。

杨小楼觉得只唱武戏不过瘾，喜
欢唱文戏，他也知道自己的文戏没有根
底，但是他嗓子好，也见得多，什么戏
一看就能拿得起来，碰上义务戏之类的
机会，他就来一出文戏过过瘾，让自己
和观众都高兴一下。他唱过《坐宫》里
的杨延昭、《大登殿》里的薛平贵、

《法门寺》里的赵廉……观众看他的老生戏，当然也要讲究讲究腔调和韵味，杨小楼时不时地就跑调，实在谈不到好，大家因为崇拜他的武戏地位还是捧场，不喝倒彩也就实在是曲意包涵了。

齐如山在《谈四角》的《杨小楼》一文中讲到"小楼的毛病"时候说：

扛调，即前边王长林所说的"不呼弦"，本行通名曰"不搭调"。戏界有一句谚语曰"荒腔走板不搭调"，乃角色最忌的三种毛病，他却有一种。他唱戏永远比胡琴的弦音高一点，给他拉胡琴的人常说，他永远比胡琴高一块。偶尔不让他知道，偷着把弦音（调）高一点，不就唱着合适了么？可是，他也就跟着高上去了，还是高一块，这是耳音的关系。

谭鑫培，一次与梅兰芳在越中先贤祠合演《汾河湾》，有许多人在后台谈天，我也在其中。谭忽然问："您们诸位，以为唱戏的人，谁人缘最好？"有人回答说："当然要数您了吧。"其他人也都说那是自然。谭说："我不成，人缘最好的有三个人，一是龚云甫，一是杨小楼，一是麻穆子。"大家听了这话都莫明其妙。谭又说："云甫是官哑嗓子（成语为奉官哑嗓子，简言之，曰官哑嗓子。意思是大家认可他可以哑嗓子。北京这样话很多，也很普遍，下边官扛调等义同），别人哑了嗓子，倘唱不出来，那是非得倒好（对演出不满的怪叫）不可，而云甫则不然，遇到他哑嗓子，观众自己认为运气不好，没赶上好嗓子，顶多说一句，今天嗓子不在家（此亦系北京俗语，不在家者，没有带在身旁也）。绝对不会有人叫倒好。您看，这人缘有多么好？别人谁也比不了。小楼是官扛调，别人不呼弦，准得倒好，他则不然，也是有许多外行听不出来。麻穆子是官走板（唱得不合板眼），他嗓子很好，唱的虽然没什么味儿，可也算好听，然而是每次必要走板。别人走了板，准得倒好，他则不然，每到走板的时候，大家是一面叫好一面乐，叫好是真叫好，并非倒好，乐是笑其走板，大家以为他走板也很有趣味。请问，您们诸位，谁有他们三人这样好的人缘？"他说罢，大家大乐。

他这话，固然是一种笑谈，但不止讥讽他三人，连看戏的人，也有点挖苦。王长林也说过几句，他说名角不搭调的人，只有俞老板（菊笙），他常唱完一段，自己骂曰：杂种凑的，不搭调（此层戏界老辈皆知之）。他是明知不搭调，而自己不能改。

小楼拜他为师，别的没有学会，只学了一个不搭调。

老谭自己唱戏讲究发音吐字，他也做到了字正腔圆，他的唱、念、做、打居然可以做到无可挑剔，所以老谭有理由自视甚高，因此，他对于那些明显有毛病却能够受到观众谅解、回护的名伶，就难免心中不平。所以，他要说个"笑话"，把这件事拆穿——有人说老谭"不厚道"，其实，他说的是事实，也并无恶意。

在观众看来，杨小楼的武生艺术达到了登峰造极，加上他的为人好、戏

谭鑫培（饰黄忠）、杨小楼（饰赵云）合
演《阳平关》

德好，所以没有人一定要从老生的角度责备他的左嗓子，能够这样得到观众谅解的杨小楼的确是"人缘最好"的名伶。

杨小楼戏德好，从年轻到晚年，每一出戏、每一个身段、每一个舞蹈动作都是到家到业，从来不马马虎虎。只有民国十七年有一次演出《状元印》，他在台上"捺"了头（头盔脱落），对于杨小楼来说，那完全是一个意外的事件：

那天的戏码是《状元印》，饰演第一配角赤福寿的钱金福因为年老需要换人，按照梨园旧例，戏班子角色出缺的时候，按资历深浅递补应该轮到许德义，可是，当时杨小楼的女婿刘砚芳是戏班子的后台管事，他以为自己大权在握，私下里派了自己的哥哥刘砚亭越级递补。

　　看到刘砚亭开始勾赤福寿的脸谱，许德义生气地也坐下就勾赤福寿的脸谱，刘砚亭觉得自己理亏，也就擦了脸知难而退了。戏虽如时上了场，可是抢到了赤福寿一角的许德义却仍然心怀愤怒，他迁怒于杨小楼，并且决定在台上进行报复。等到赤福寿与杨小楼扮演的常遇春开打的时候，常遇春应该有一个退步，从赤福寿右胁下退到上场门，许德义就在这个时候，不仅压低右胳膊，而且用手把杨小楼的头盔拉下来，让他露出光头前额，当众出丑……台下有观众笑起来，杨小楼仓皇下场。

到了后台，杨小楼怒不可遏，摘下头盔和髯口，未及卸装就拿起大枪直奔许德义，许德义猝不及防，顺手抄起水壶就要打出手，后台乱成一团。

观众很快就知道了这件事的始末，大家骂刘砚芳私心太重，破坏了梨园的成规；骂许德义无理寻衅，台上阴（算计）人刻毒阴险；没有人责怪杨小楼……结果是许德义被辞退了，《状元印》这出戏也被杨小楼挂起来（停演）了。

许德义被辞出班后，名声不好，在外面也没有搭上常班，颇为潦倒，经人说合又重新回到杨小楼的戏班子，杨小楼为人天性厚道不念旧恶，仍旧录用了他，是念在许德义的父亲许荫棠与杨月楼往日的交情，念在自己与许德义多年的友朋搭档，当然也是因为许德义工架稳重、武功娴熟、长靠短打俱见精彩，自有别人不可及的长处。

丁秉鐩在给杨小楼"打分"的时候说：杨小楼的剧艺，年轻时，唱、做、念各打九十分，打是一百分。到了晚年，唱、做、念各打一百分，打还是一百分的底子，而表现出来像八十分……看来，杨小楼的"不呼弦"在丁秉鐩听起来也别是一家。

吴性栽在《京剧见闻录》的《京剧大宗师杨小楼的风范》文中说：

天津人对于京剧欣赏的要求，比北京人来得苛。不管多有名的大角儿，在台上稍有舛错，一样喝倒彩，毫不容情。可是，杨小楼疯魔了天津人，到后来，贩夫走卒，都变成"杨迷"了。拉胶皮（即北京人称之为洋车，上海人称之为黄包车，这儿香港称之为车仔的）的向前直奔，遇到要人让路时，随口来一句"杨调"韵白，"你们与我……闪开了！"可惜我无法把这几个字的声韵，在文字中传达出来，即使用注音字母也不成，只有心领神会地把这句大气磅礴的韵白自己咀嚼享受罢了。小孩子在院子里舞枪弄棒游戏时，也是学着杨小楼的台词："曹……操！"仿佛在演《长坂坡》的赵子龙呢！

上海著名剧评家冯叔鸾（笔名马二先生）……泡在澡池子里，一面擦身，一面念杨小楼《铁笼山》中的念白，直至全部背完。

我的朋友安徽贵池刘公鲁……在妓院中抽足鸦片烟之后，盘起发辫（他是出名的"遗少"），穿着纺绸短裙裤，扎着裤脚管，用烟枪表演杨小楼的《安天会》，不料用劲太大，一不小心，裤裆裂而为二，赢得满室大笑……

金融界老前辈蒋抑卮先生，他是理财好手，做公债最有眼光，又是浙江兴业银行的创办人，晚年有胃病，足不出户；但遇杨小楼到上海，他便天天包上一排座位，力疾赴场，不误不缺，在他周围坐着儿子媳妇，女儿女婿，有一个不到场他就不高兴……

上海另有一个老画家商笙伯先生，现在如果健在，应该是九十以上的人了，他到戏院去看杨小楼的戏，可说是风雨无间的。买不到好位子，三楼也看，买不到座票，站着也看。

大公报社长有个姓罗的好朋友，一生钦佩杨小楼，为了表示他的景仰，生了儿子就起名慕楼，字思训，原来杨小楼号嘉训，小楼是其艺名。

槛外人吴性栽生于一九〇四年，殁于一九七九年，浙江绍兴人。一九二三年起在上海经营企业，一九四八年迁居香港，曾先后在京、沪主持建立华乐戏院、天蟾舞台、卡尔登戏院、文华影业公司、龙马影业公司，自言"看了四十多年的戏，而且也爱谈谈戏"。

吴性栽作为戏院经营者兼戏迷，对当时京、津、沪三地的戏迷掌故知之甚多。他所说的痴迷杨小楼的上海上层社会与天津洋车夫和未成年小孩的故事，包容了南北两地不同社会地位和文化层次的戏迷对京剧的近乎狂热的爱好，和他们对戏曲艺术和当红名伶的感知，不仅传达出那个时代的戏曲艺术氛围所具有的熏陶、感染力量，也告诉我们最有人缘的杨小楼在当时戏迷们的心里，具有怎样崇高的地位。

杨小楼成名于民间，硬是在舞台上"打"出了自己的一方天地，凡是看过杨小楼演出的人，都会说到他很多"很神"的地方，说出他独特的表现留给人无可替代的感受：

……在起打之前，"趟马"的时候，右手拿着马鞭，左手抓着开氅的大襟，开氅里面两层都是用薄绸子做的，其质量甚轻，但是大襟的下角，以及前后身的下摆，无论在使什么身段，均是笔直下垂，就是拧腰踹腿，也没有围住腰、裹住腿的情形，这点劲儿就是真功夫……

一次在冯耿光（幼伟）家堂会中……大轴是《八蜡庙》，许德义的费德功，杨小楼饰褚彪，在定计一场，念白的清脆，走边的一场，动作的边式，就不用提啦，只是那一句"江湖哇——人称——铁臂雕"，就必定得一个满堂好。尤其是张桂兰与贺仁杰被费德功抢进庄去之后，褚彪在后庄门以头撞门的那份做工，先撞三头，然后倒退回来，完全是像撞晕了，晃晃悠悠的两脚八字式，不由自主的，而且是用力过猛，被门弹回来的样子，好得真是无法形容，任何人在这场都做不到这个自然形态……

（周明泰《杨小楼评传》）

（《连环套》杨小楼饰黄天霸）……当彭朋责问他盗马贼人一事，天霸回禀"想当年先父在世……大人详情"一段白口，激越快速，申明冤枉，虽然面朝里跪着念，却仍使观众听得清楚明白，这就是有中气，有念白的基本功夫，否则你多么用力气念，观众也听不清的，这就是火候。

（丁秉鐩《菊坛旧闻录》）

民国三年（一九一四）杨小楼在上海看到新式舞台布景新奇，观众的座位又极舒适，就决意在北京盖一座新式舞台，他投入了自己所有的热情和早年的积蓄，还举了债，可是：

第一舞台后来失火被焚，他的积蓄完了；正因为他是个真正的艺人，平日不善居积，所以晚年不免拮据。据说有一年他短二三百元钱，向替他管经济和事务的女婿刘砚芳去要，刘干脆回说没有，他老人家一气之下，竟尔病，竟尔死了。

（吴性栽《京剧见闻录》）

身后凄凉的杨小楼没有儿子，螟蛉义子学不好戏也不务正业，吃喝嫖赌、大烟白面儿倒是样样都能，最后被杨小楼赶出杨门；外孙刘宗杨学戏不成才，女婿看来也不是善良之辈，他罄尽心力参加建造的第一舞台要了他的老命……（见丁秉鐩《菊坛旧闻录》）

杨小楼死后的葬礼与众不同，不仅是前清的翰林傅增湘"点主"（旧时家庭都供奉亡人的"神主"牌位，木牌上面写着亡人的姓名，神主牌的"主"字，先写墨笔的王字，出殡前由特别邀请德高望重的"点主官"，用刚杀死的鸡的血在王字上面加上朱点）、六十四人的"大杠"（由六十四个人抬棺材），京城最最有名的"一撮毛"撒纸钱……

梨园界武生、武行都去送殡，所有的名伶——生、旦、净、丑、管事、场面、衣箱各方面的稍微有头有脸的人物全都到齐了……真可谓生前盛誉，死后哀荣。

杨小楼真的是"人缘最好"的名伶。

出版说明

　　"新编历史小丛书"承自20世纪60年代吴晗策划的"中国历史小丛书"，其中不少名家名作已经是垂之经典的作品，一些措辞亦有写作伊初的时代特征。为了保持其原有版本风貌，再版过程中不做现代汉语的规范化统一。读者阅读时亦可从中体会到语言变化的规律。

　　　　　　　　　"新编历史小丛书"编委会

图书在版编目（CIP）数据

杨小楼／么书仪著. — 北京：文津出版社，
2024.5
（新编历史小丛书）
ISBN 978-7-80554-885-2

Ⅰ. ①杨… Ⅱ. ①么… Ⅲ. ①杨小楼（1877-1937）
—传记 Ⅳ. ①K825.78

中国国家版本馆 CIP 数据核字（2023）第 172465 号

责任编辑　白　雪
责任印制　燕雨萌
责任营销　猫　娘

新编历史小丛书

杨小楼
YANG XIAOLOU

么书仪　著

出　　版	北京出版集团
	文津出版社
地　　址	北京北三环中路 6 号
邮　　编	100120
网　　址	www.bph.com.cn
总 发 行	北京伦洋图书出版有限公司
印　　刷	北京汇瑞嘉合文化发展有限公司
经　　销	新华书店
开　　本	880 毫米×1230 毫米　1/32
印　　张	2.75
字　　数	24 千字
版　　次	2024 年 5 月第 1 版
印　　次	2024 年 5 月第 1 次印刷
书　　号	ISBN 978-7-80554-885-2
定　　价	24.80 元

如有印装质量问题，由本社负责调换
质量监督电话　010-58572393